BOEKANALYSE

AF142074

De pianist

. . . .

WLADYSLAW SZPILMAN

BOEKANALYSE

Geschreven door Marie-Hélène Maudoux
Vertaald door Nikki Claes

De pianist

WLADYSLAW SZPILMAN

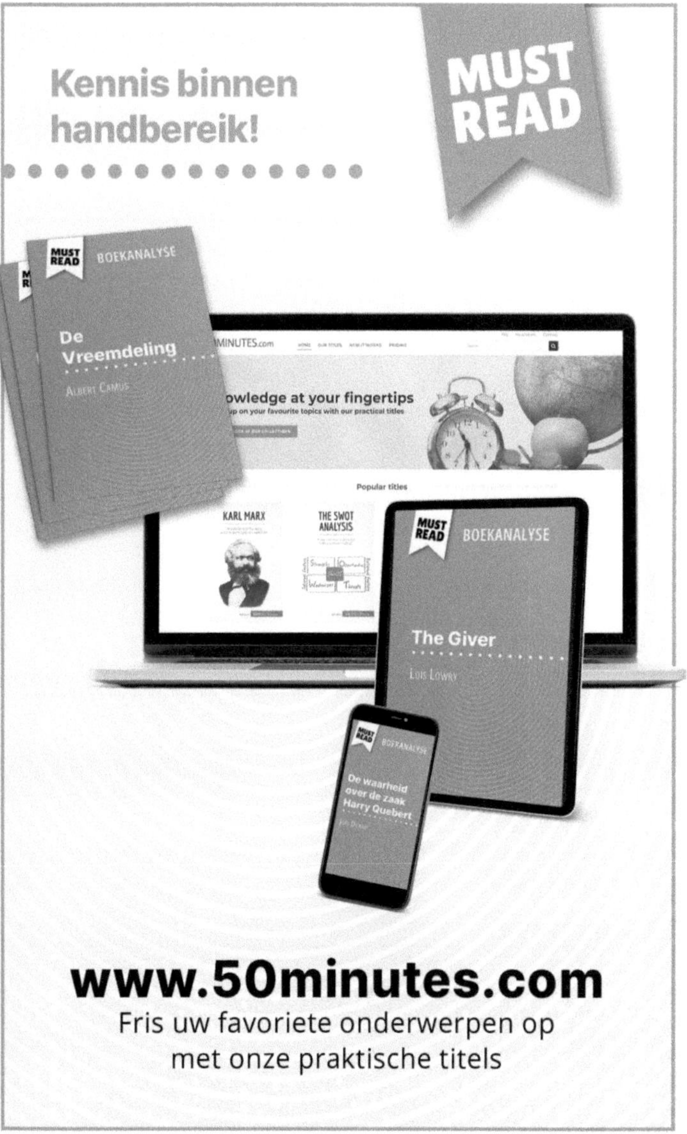
Kennis binnen handbereik!
MUST READ
MUST READ
BOEKANALYSE
De Vreemdeling
Albert Camus
Popular titles
KARL MARX
THE SWOT ANALYSIS
MUST READ
BOEKANALYSE
The Giver
Lois Lowry
BOEKANALYSE
De waarheid over de zaak Harry Quebert
www.50minutes.com
Fris uw favoriete onderwerpen op
met onze praktische titels

WŁADYSŁAW SZPILMAN

POOLS SCHRIJVER, PIANIST EN COMPONIST

- **Geboren in Sosnowiec (Polen) in 1911**
- **Overleden in Warschau in 2000**
- **Zijn werk:**
  - *The Pianist* (1946)

Władysław Szpilman werd in 1911 geboren uit Joodse ouders en stierf in 2000 in Warschau. Hij was vooral pianist en componist en schrijver. Hij werd opgeleid als pianist aan de Kunstacademie in Berlijn, onder leiding van Artur Schnabel (Oostenrijkse pianist), en studeerde compositie bij Franz Schreker (Oostenrijks-Hongaarse componist). Hij richtte samen met Bronislaw Gimpel (beroemd violist) het Warschau Pianokwintet op en gaf een groot aantal concerten. Daarnaast schreef hij filmmuziek, liederen en liederen (gezongen Germaanse gedichten, begeleid door een piano). Toen Adolf Hitler in 1933 aan de macht kwam, keerde hij terug naar Warschau en werd pianist voor Polskie Radio ("Poolse Radio"). Hij beëindigde zijn carrière als concertpianist in 1986 om zich volledig aan het componeren te kunnen wijden.

DE PIANIST

HET VERSLAG VAN EEN PIANIST OVER DE TWEEDE WERELDOORLOG

- **Genre:** autobiografische roman
- **Referentie-uitgave:** Szpilman, W. (2001) *Le Pianiste*. Parijs: Éditions Robert Laffont.
- **Eerste uitgave:** 1946
- **Thema's:** Holocaust, Tweede Wereldoorlog, Joodse getto's, muziek

In 1939, terwijl hij *de Nocturne in cis mineur* speelde voor de Poolse radio, werd de uitzending onderbroken door een Duitse bom. De Duitsers omsingelden Warschau en Władysław Szpilman dook onder.

Verbazingwekkend genoeg dankt hij zijn overleving aan een Joodse militieman en een Duitse officier die, beiden muziekliefhebbers, besloten de musicus te sparen. Aan het eind van de oorlog voerde Szpilman de *Nocturne die* hij zes jaar eerder niet had afgemaakt uit op de Poolse radio.

In 1946 publiceerde hij het ongelooflijke verhaal van zijn overleving, in het Pools, dat hij *De dood van een stad noemde*. Dit werd al snel gecensureerd door de Poolse communistische autoriteiten. Hij moest vijftig jaar wachten voordat zijn epos aan de hele wereld werd onthuld, met een herziene uitgave onder toezicht van zijn zoon, Andrzej Szpilman, met de titel *De pianist*.

SAMENVATTING

DE OVERGAVE (31 AUGUSTUS 1939 – 23 SEPTEMBER 1939)

Het verhaal begint op 31 augustus 1939 in Warschau, de nacht voor het begin van de Tweede Wereldoorlog. Władysław Szpilman is pianist bij de Poolse radio en woont samen met zijn moeder, zijn vader (een violist), zijn broer (Henryk) en zijn twee zussen (Regina en Halina). Zij zijn Joods. Władysław verneemt dat Frankrijk en Groot-Brittannië in oorlog zijn met Duitsland en dat de Duitsers oprukken naar de Poolse hoofdstad. Toch besluit hij met zijn familie in Warschau te blijven.

Om deze opmars te blokkeren wordt Warschau onder het gezag van een Poolse commandant geplaatst en werken de inwoners aan de verdediging van hun stad. Władysław blijft spelen voor de Poolse Radio. Op 23 september vernietigt een Duitse bom de elektrische transformator van het radiostation. Vier dagen later geeft Warschau zich over en trekken de Duitsers de stad binnen.

DE INVASIE (27 SEPTEMBER 1939 – NOVEMBER 1939)

De eerste willekeurige executie van 100 inwoners van Warschau bouwt onmiddellijk haat op tussen de Duitsers en de Polen. Heel snel daarna verschijnen er anti-Joodse wetten en verspreiden geruchten dat er binnenkort een Joods getto zal worden gecreëerd. Op een avond komt Władysław in gezelschap van zijn vader en broer enkele Duitsers tegen die hen vragen of ze Joods zijn. Ze worden met geweld tegen de muur geduwd, maar worden ternauwernood gered door zijn broer, die de agenten vertelt dat ze muzikanten zijn:

> *"Een van de agenten kwam op me af, greep me bij de kraag en schudde me in een laatste vlaag van woede door elkaar, zonder duidelijke reden, want hij had uiteindelijk besloten ons leven. 'Je hebt geluk dat ik ook muzikant ben!'" (p. 56).*

HET GETTO (15 NOVEMBER 1939 – MAART 1942)

De vervolgingen gaan door, en de Joden die in Warschau zijn gebleven moeten al dwangarbeid verrichten. Om zijn handen, die zo belangrijk zijn voor zijn carrière als pianist, te beschermen breekt Władysław deze regel. Op 15 november worden alle Joden in Warschau opgesloten in het Joodse getto. Het Joodse getto is verdeeld in twee getto's: het "Kleine getto", waar Władysław woont, en het "Grote getto", waar de meest behoeftige Joden wonen. De enige plek die de twee getto's verbindt is de Chłodna-straat, en de Duitse bewakers beperken graag de toegang daartoe. Als vermaak kiezen ze uit de menigte "slecht op elkaar afgestemde" paren, bestaande uit gehandicapten of ouderen, die ze steeds sneller laten dansen terwijl ze hen luid uitlachen. Władysław speelt piano in verschillende cafés in het getto om zijn gezin te onderhouden.

DE DEPORTATIE (MAART 1942 – EIND 1942)

De eerste deportaties naar de "werkkampen" – dat wil zeggen het vernietigingskamp Treblinka – worden georganiseerd in maart 1942, vanaf de Umschlagplatz, de verzamel- en opslagplaats van het getto. Geholpen door Litouwse en Oekraïense fascisten beginnen de Duitse soldaten het getto leeg te halen en de inwoners naar "werkkampen" te sturen. Om aan deze razzia's te ontsnappen werken Władysław en zijn familie in een pakhuis in de buurt van de Umschlagplatz. Op 16 augustus 1942 worden Władysław en zijn familie daarheen gestuurd om met het volgende konvooi te worden gedeporteerd.

Net als Władysław zich klaarmaakt om met zijn familie in de "dodentrein" te stappen, wordt de muzikant met geweld naar de andere kant van het politietouw geduwd door een Joodse militielid die hem beveelt "zijn huid te redden". Dit is de laatste keer dat Władysław zijn familie ziet. Alleen zwervend in het getto weigert Władysław het voorstel dat hem wordt gedaan om te spelen in het casino van de nazi-vernietigingseenheden, en sluit zich aan bij een groep arbeiders die tot taak hebben de buitenmuur van het Grote Getto te slopen. Wanneer hij een nummer krijgt van de Joodse raad dat hem identificeert als een "onmisbare arbeider", wordt Władysław zich ervan bewust dat hij tijdelijk ontsnapt is aan een mogelijke terugkeer naar de Umschlagplatz. Onder dwang gerekruteerd als arbeider, verzwikt hij uiteindelijk zijn enkel. Vervolgens wordt hij naar de bevoorradingseenheid gestuurd, waar hij wat van zijn krachten kan terugwinnen.

HET VERZET (EIND 1942 – AUGUSTUS 1944)

Geleidelijk aan wordt het verzet in het getto georganiseerd, en Władysław vervoert munitie, verborgen in zakken groenten, vanuit de "Arische kant" van Warschau. Via Majorek, een dappere jonge Joodse man die verantwoordelijk is voor de voedselvoorziening van het getto, komt Władysław in contact met een paar kunstenaars, Andrzej Bogucki en Janina Godlewska, die hem verbergen in een atelier buiten het getto.

Władysław kan echter niet in de studio blijven, omdat deze verhuurd moet worden om geen argwaan te wekken bij de Duitse autoriteiten. Czeslaw Lewicki, een orkestleider en oud-collega van de Poolse radio, vindt dan een kleine flat voor de pianist. Op een dag stormt Lewicki binnen om Władysław in allerijl naar een veiliger locatie te brengen. Maar Władysław is moreel uitgeput en heeft geen zin meer om te vluchten: ze nemen afscheid en zijn het erover eens dat ze beiden liever zelfmoord plegen dan door de Duitsers te worden opgepakt. De opstand in het getto van Warschau, van april tot mei 1943, leidt tot de evacuatie en vernietiging van het getto door de Duitsers, en de uitroeiing van de Joden die er nog zijn.

Na enkele weken krijgt Władysław bezoek van vrienden uit het verzet die hem onder Szalas' bescherming stellen. Maar Szalas liegt tegen de pianist en zijn omgeving en houdt het grootste deel van de ingezamelde voorraden voor zichzelf. In augustus 1943 moet Władysław zijn schuilplaats ontvluchten, omdat de huurders de aanwezigheid van een jood vermoeden. Hij gaat naar vrienden die hem meedelen dat

Zbigniew Jaworski, een van zijn vroegere collega's van de Poolse radio, bereid is hem onderdak te verlenen terwijl hij wacht op een andere schuilplaats. Hij wordt ziek en wordt verzorgd door Helena Lewicka, die hem vertelt over de op handen zijnde opstand van Warschau.

DE REVOLUTIE (1 AUGUSTUS 1944 – OKTOBER 1944)

De opstand van Warschau begon op 1 augustus 1944. Als vergelding besluiten de Duitsers het gebouw waar Władysław zich schuilhoudt te bombarderen. Na de explosies vliegt het gebouw in brand. Op zoek naar een schuilplaats besluit Władysław zich te verbergen in een nabijgelegen ziekenhuis dat is omgebouwd tot een magazijn van de Wehrmacht. Terwijl hij voedsel zoekt, komt hij oog in oog te staan met een Duitser: in ruil voor zijn leven geeft hij hem een halve liter alcohol en vlucht.

ZWERVEN EN VEILIGHEID (OKTOBER 1944 – 17 JANUARI 1945)

Om voedsel te vinden blijft Władysław ronddwalen in de verlaten gebouwen van Warschau. Zich niet bewust dat hij het bestuursgebouw van de speciale strijdkrachten van Warschau verkent, wordt hij verrast door een Duitse officier, Wilm Hosenfeld. Verbazingwekkend genoeg wenst de kapitein van de Wehrmacht hem geen kwaad toe; hij vraagt de pianist een stuk te spelen op een oude piano in het gebouw. Hij geeft hem vervolgens toe dat hij zich schaamt voor de wreedheden die de Duitsers tijdens deze oorlog hebben begaan, en besluit

Władysław te redden door hem elke dag eten te brengen. Wanneer de Sovjettroepen op 17 januari 1945 aankomen, vermijdt Władysław te worden gedood, omdat hij nog steeds de jas van Wilm Hosenfeld draagt.

KARAKTERSTUDIE

WŁADYSŁAW SZPILMAN

Władysław is beroepspianist en heeft de ziel van een kunstenaar. Gevoelig, maar gereserveerd, barst hij in tranen uit (voor het eerst sinds het begin van de oorlog) als hij hoort van de overwinning van de Duitsers in Parijs.

Hoewel hij berust, probeert hij toch zijn perceptie van de werkelijkheid te veranderen door contact met Yehouda Zyskind, een vriend die een "veroordeelde optimist" is (p. 82): "Na de moord op Yehouda Zyskind worstelde ik om de hoop vast te houden, omdat er niemand meer was die mij alles tot in detail kon uitleggen en mij de waarheid kon doen inzien..." (p. 83).

Hij is ook trots en heeft medelijden met de meest angstigen, zelfs met zijn vader: "Toen ik om me heen keek, zag ik mijn vader geknield op het harde asfalt, in tranen, de politieagenten smekend om ons te redden. Hoe kon hij zichzelf zo vernederen?" (p. 55).

ZIJN MOEDER

Tekenen van ouderdom tonen meer op haar tijdens de oorlog: "Haar vroeger mooie haar, zo goed onderhouden, viel nu in bleke, slordige lokken op haar gelaatstrekken, hol geworden door angst; haar intens zwarte ogen waren vervaagd" (p. 140).

Ze is impulsiever dan haar dochters, gevoelig, toegewijd aan haar gezin, liefdevol en zachtaardig: "Ze gaf ons een element van stabiliteit waaraan we ons konden vasthouden en zorgde ervoor dat de tafel altijd netjes gedekt was" (p. 84).

Ze heeft een inherent plichtsbesef en blijft ook berusten, net als Władysław.

ZIJN VADER

Als violist ontsnapt hij aan de werkelijkheid door urenlang op zijn instrument te spelen. Tijdens de oorlog krijgt hij een "groeiend heimwee naar een sterk geïdealiseerd Sosnowiec" (p. 48), zijn geboortestad. Hij is een levensgenieter, een liefhebber van eten, een optimist, een dromer en zeer sarcastisch: "Hij toonde eerbied tegenover de Duitsers met een ironische gratie die onmogelijk te beschrijven is" (p. 51).

WILM HOSENFELD

Hij is lang, moedig en heeft een elegante en imposante uitstraling. Hij is beschermend, devoot katholiek, vriendelijk en vrijgevig. Hij is kapitein van de Wehrmacht, maar hij schaamt zich voor het uniform dat hij draagt en dat hem verenigt met de "beulen".

ANALYSE

EEN GEDEELTELIJKE AUTOBIOGRAFIE

In *The Pianist* vertelt Władysław Szpilman over zijn overleven in Warschau tijdens de Tweede Wereldoorlog, van 31 augustus 1939 (invasie van Polen) tot 14 januari 1945 (bevrijding van Warschau door de Sovjettroepen). Het werk is dus een autobiografie.

Een autobiografie wordt gedefinieerd als een terugblik in proza waarin de auteur vertelt over zijn eigen leven. Dit type verhaal wordt meestal geschreven in de eerste persoon enkelvoud. De auteur is dus de verteller, maar ook de hoofdpersoon. Naarmate het verhaal vordert, maken we vaak onderscheid tussen het moment waarop de auteur schrijft (de 'ik' van de volwassen auteur) en het tijdperk waarin de gebeurtenissen plaatsvinden (de 'ik' van de auteur op het moment dat hij de gebeurtenissen meemaakt). Wil een tekst bovendien echt een autobiografie zijn, dan moet de auteur deze als zodanig omschrijven en duidelijk aangeven dat hij zijn leven vertelt. Hij moet zich er ook toe verbinden trouw te zijn aan zijn ervaring, niets te verzinnen en oprecht te blijven: dit noemen we het "autobiografisch pact". De auteur verbindt zich ertoe de waarheid te vertellen.

Afgezien van deze algemene kenmerken, die in *De pianist worden* aangehouden, kan het autobiografische genre verschillende vormen aannemen: de auteur kan ervoor kiezen zijn hele leven te vertellen of zich te concentreren op slechts één episode van zijn bestaan, of zelfs een selectie van belangrijke momenten presenteren. In dit geval vertelt de auteur-verteller, Władysław Szpilman, slechts over één deel van zijn leven, een deel dat hij niettemin als essentieel beschouwt: De Tweede Wereldoorlog. *De Pianist is* dus een gedeeltelijke autobiografie.

Een lezer van *De pianist* zou zich kunnen verbazen over de afstandelijkheid waarmee Szpilman schrijft, aangezien het boek pas een jaar na het einde van de oorlog werd gepubliceerd. Deze schrijfstijl geeft het verhaal echter een melancholische sfeer die eigen is aan Szpilman als musicus, en aan de muziek van Chopin die hem is bijgebleven (met name de Nocturnes, die een muzikale vorm gebruiken die langzaam en typisch is voor de Romantiek). Bovendien onderstreept het de argumentatieve en objectieve doelstelling van deze autobiografie: Szpilman is zich bewust van zijn status als gevolmachtigde, en van de kostbare historische informatie die hij moet overbrengen.

EEN HISTORISCH VERSLAG

Szpilman is getuige van een donkere periode in de geschiedenis: de Holocaust.

- Hij is aanwezig als Warschau op 27 september 1939 door de Duitsers wordt ingenomen en lijdt als jood onder alle wreedheden van de nazi-officieren. Op 15 november 1939 wordt Władysław samen met alle andere Joden in Warschau opgesloten in het door een buitenmuur omgeven Joodse getto. Hij blijft daar vele jaren, ontsnapt aan de dood en onderhoudt zijn familie door als muzikant in het getto te werken.

- In maart 1942 is Władysław getuige van de eerste razzia's in het getto en de eerste deportaties. Litouwse en Oekraïense soldaten bundelen hun krachten met de Duitse soldaten en het getto wordt snel van zijn inwoners ontdaan.

- Op 16 augustus 1942 wordt de familie Szpilman gedeporteerd naar Treblinka; alleen Władysław ontsnapt ternauwernood aan de dood, dankzij een Joodse militieman die gelukkig een muziekliefhebber is. Hij werkt aan de afbraak van de buitenmuur van het getto en verbergt zich in Warschau.

- Opgesloten in zijn schuilplaats is hij getuige van de opstand in het getto (geleid door de bewoners van het getto in april 1943) en beleeft hij de opstand van Warschau (geleid door Poolse burgers van 1 augustus tot 2 oktober 1944). Hij overleeft in de bijna volledig verwoeste Poolse hoofdstad dankzij een muziekminnende Duitse soldaat die hem voedsel brengt, en is getuige van de bevrijding van Warschau door de Sovjettroepen op 17 januari 1945.

👁 **GOED OM TE WETEN.**

De Tweede Wereldoorlog begon op 1 september 1939 en eindigde op 8 mei 1945. Het was het gevolg van de invoering van verschillende dictaturen in Europa in de jaren dertig: Benito Mussolini (Italiaans staatshoofd, 1883-1945) in 1922 in Italië, Adolf Hitler (Duits staatshoofd, 1889-1945) in 1933 in Duitsland en Francisco Franco (Spaans generaal en staatshoofd, 1892-1975) in 1939 in Spanje.

Met name Adolf Hitler ontwikkelde een racistische theorie die zijn ambitie om de wereld te veroveren voedde: volgens hem was het Duitse ras, dat hij het "Arische ras" noemde, superieur, en deze superioriteit gaf hen rechten over andere rassen, met name de Joden. Zijn partij, de Nationale Socialistische Duitse Arbeiderspartij, opgericht in 1919, had het nazisme als politieke ideologie en praktiseerde antisemitisme en vervolging van alle tegenstanders van het staatsregime. Dit leidde tot de Holocaust (ook bekend als 'Shoah', Hebreeuws woord dat 'catastrofe' betekent): de genocide op de Joden.

Het Duitse leger viel namelijk Oostenrijk (maart 1938), Tsjecho-Slowakije (maart 1939) en vervolgens Polen (september 1939) binnen. Na deze invallen verklaarden Frankrijk en het Verenigd Koninkrijk de oorlog aan Duitsland en werd het conflict al snel mondiaal: de "geallieerden" enerzijds (Nederland, België, de Sovjet-Unie en de Verenigde Staten) sloten zich aan bij Frankrijk en het Verenigd Koninkrijk, terwijl Italië en Japan anderzijds de kant van de Duitsers kozen.

Szpilmans autobiografie benadrukt meer bepaald het belang van manipulatie zodat de Duitsers hun uitroeiingsmissie met succes konden voltooien.

• Enerzijds voorkomen de nazi's paniek onder de Joodse bevolking door hun ware bedoeling voor hen te verbergen: "Een paragraaf werd speciaal aan de Joden gewijd, waarin hun al hun rechten en de onschendbaarheid van hun bezittingen werden gegarandeerd, alsmede hun volledige persoonlijke veiligheid" (p. 39); "De stad was bedekt met affiches die het begin van de *hervestiging* aankondigden [waardoor de Joden] in krotten zouden worden gehuisvest en naar plaatselijke Duitse fabrieken zouden worden gedetacheerd" (p. 126). Zoals u zult merken worden de bedoelingen van de Duitsers niet expliciet genoemd, maar verborgen achter zeer algemene, banale uitspraken en zinnen. Wanneer de invallen beginnen, blijven ze hun bedoelingen verbergen en gaan ze zover dat ze zichzelf afschilderen als eerlijke, meelevende mensen, waardoor de Joodse bevolking gelooft dat ze dit alles uitvoeren om hun leven te vereenvoudigen: "In hun permanente streven naar vereenvoudiging kondigden de nazi-bezetters [...] aan dat alle gezinnen uit eigen beweging naar de Umschlagplatz moesten gaan om te *emigreren*. Ze zouden een brood en een kilo jam per persoon krijgen, en er was geen risico dat ze gescheiden zouden worden" (p. 133). In werkelijkheid liegen ze alleen om het deportatieproces te vereenvoudigen – Umschlagplatz is de naam van het deel van het getto van waaruit de konvooien vertrokken.

• Anderzijds manipuleren ze ook mensen van het "Arische ras". Door valse scènes van het dagelijks leven in het getto te filmen, proberen ze de Duitse bevolking gerust te stellen over hun behandeling van de Joden, door hen te laten geloven dat ze zo humaan mogelijk worden behandeld:

"Ze verschenen bijvoorbeeld in een restaurant, gaven de obers opdracht een tafel te dekken met drankjes en mooie gerechten en dwongen de klanten vervolgens te lachen en overvloedig te eten terwijl ze het moment vereeuwigden op film. [...] Het heeft lang geduurd voordat ik me realiseerde dat deze documentaires naar de Duitse bevolking van het Reich en naar landen onder nazi-overheersing werden gestuurd [...] om genoeg leugens te hebben tegen de verontrustende geruchten voor het geval de rest van de wereld lucht zou krijgen van hun gruwelijke activiteiten" (p. 113-114).

EEN GEMENGDE ONTVANGST

Het verslag van Władysław Szpilman (getiteld *Dood van een stad*) werd na publicatie in 1946 door de Poolse communistische autoriteiten gecensureerd, wat op het eerste gezicht misschien verrassend lijkt. Verschillende elementen van het boek verklaren echter deze reactie:

- Ten eerste was de gunstige voorstelling die de auteur geeft aan een Duitse officier, Wilm Hosenfeld, problematisch. Toen het boek werd gepubliceerd, was het in Polen, een land dat zo getraumatiseerd was door de misdaden van de nazi's, nog onmogelijk om de goede kwaliteiten van een Duitse officier toe te laten. Daarom neemt hij in de eerste edities de Oostenrijkse nationaliteit aan.

- Ten tweede was het voor de naoorlogse bevolking moeilijk te erkennen dat Russen, Polen, Oekraïners, Letten en zelfs Joden meewerkten aan nazimisdaden: "We zouden zeggen dat de Gestapo-mentaliteit voor hen [Joodse militieleden] een tweede natuur was geworden" (p. 108). De inwoners worden zich geleidelijk, pijnlijk bewust dat ook Joodse militieleden het recht hadden op leven en dood van hun landgenoten, en het verslag van Władysław herinnert ons aan deze waarheid, want het is dankzij een muziekliefhebbende "Joodse beul" dat hij wist te overleven.

VERDERE REFLECTIE

ENKELE VRAGEN OM OVER NA TE DENKEN...

- Welke levensles kunnen we trekken uit *De Pianist*? Is Władysław Szpilman volgens jou bitter? Motiveer je antwoord.

- Moet holocaustontkenning volgens jou gestraft worden? Leg je antwoord uit.

- Władysław Szpilman kreeg de bijnaam "Robinson Crusoe van Warschau". Hoe is deze vergelijking relevant?

- Waarom werd Szpilman's verhaal volgens u gecensureerd na de oorlog?

- De eerste titel van Szpilman's verslag was *Dood van een stad*. Was deze titel volgens jou goed gekozen? Leg je antwoord uit.

- Denkt u dat een autobiografie noodzakelijkerwijs in de eerste persoon enkelvoud moet worden geschreven? Onderbouw je antwoord.

- Kunnen we dit beschouwen als een privé dagboeknotitie?

- Het "autobiografisch pact" is een verbintenis van de auteur om altijd oprecht te blijven terwijl hij zijn verhaal vertelt. Is dit volgens u een idealistische eis? Vindt u dat het autobiografisch pact in *De pianist wordt* nageleefd?

- Was het nodig om in Warschau een Nocturne te spelen voor de Duitse kapitein? Leg uit.

- Ten slotte, is dit verslag van de Holocaust pessimistisch of optimistisch? Leg uit.

VERDER LEZEN

REFERENTIE-UITGAVE

Szpilman, W. (2001) *Le Pianiste.* Parijs: Éditions Robert Laffont.

AANPASSINGEN

The Pianist. (2002) [Film]. Roman Polanski. Dir. Frankrijk, R.P.
  Productions.

We horen graag van jou! Laat
een reactie achter op jouw online bibliotheek
en deel je favoriete boeken op social media!

Waarom kiezen voor Must Read?

Kom alles te weten over een boek
met onze beknopte en diepgaande
samenvattingen en analyses!

**Ontdek het beste uit de literatuur
in een compleet nieuw licht!**

De uitgever garandeert de betrouwbaarheid van de gepubliceerde informatie, die echter niet onder zijn verantwoordelijkheid valt.

www.50minutes.com

Master ISBN: 9782808689106
Papier ISBN: 9782808610506
Wettelijk depot: D/2023/12603/1330

Omslag: © Primento

Digitaal ontwerp: Primento, de digitale partner van uitgevers.